JN410222

은행나무 이야기

이 도서의 국립중앙도서관 출판예정도서목록(CIP)은 서지정보유통지원시스템 홈페이지(http://seoji.nl.go.kr)와 국가자료종합목록구축시스템(http://kolis-net.nl.go.kr)에서 이용하실 수 있습니다.
(CIP제어번호 : CIP2019037409)

안지원 시집

은행나무 이야기

인쇄 | 2019년 9월 25일
발행 | 2019년 9월 30일

글쓴이 | 안지원
펴낸이 | 장호병
펴낸곳 | 북랜드
06252 서울 강남구 강남대로 320 황화빌딩 1108호
대표전화 (02) 732-4574 | (053) 252-9114
팩시밀리 (02) 734-4574 | (053) 252-9334

등 록 일 | 1999년 11월 11일
등록번호 | 제13-615호
홈페이지 | www.bookland.co.kr
이-메 일 | bookland@hanmail.net

책임편집 | 김인옥
교 열 | 배성숙 전은경

ISBN 978-89-7787-900-3 03810
ISBN 978-89-7787-901-0 05810 (E-book)

값 10,000 원

은행나무 이야기

안지원 시집

북랜드

시인의 말

뒤늦게, 라는 말이
제겐 늘 희망입니다.
뒤늦은 당선과 생애의 첫 시집을 상재하게 되어
소녀 시절로 돌아간 듯 가슴이 두근댑니다.
지나간 이야기지만 저는 일만 하고 살았습니다.
신문 한 쪽 볼 시간 없이 젊은 날을 보냈습니다.
그러다 돈 없이도 공부할 수 있는
야간 새얼학교를 다니면서
우체국에서 컴퓨터를 배우고 검정고시를 통과,
만학도로 계명대학교 행정학과를 졸업하면서
행정학사와 문학사를 취득했습니다.
그리고 시인이 되었습니다.
여기까지 오는 동안 도움을 주신 모든 분들께
제가 살아온 날들의 기록인
이 시집을 바칩니다.

2019년 초가을 **안지원** 씀

차례

1부 속았제

2부 그런 시절이 있었다

3부 개밥에 도토리다

4부 까마귀 유머

1부

속았제

속았제

머리 위의 빨래는 산
손에는 도끼를 들었다

연못 얼음 깨고 담그는 손등은
쩍쩍 갈라지고

시할머니 실례한 바지 들고
언제 봄꽃 필까
두드리는 방망이질

거동 불편한 시할머니 방
언 손이 개킨 옷 들고 들면
내 손 당긴 무릎 틈
따듯하다

속았제! 한마디에
찔끔 눈물
주르르

은행나무 이야기

증조할머니가 심었다는 우리 집 은행나무는 올해도 주렁주렁 실한 은행 열렸다.

속담은 그랬다. 은행나무 심은 사람이 죽어야 은행이 잘 열린다는… 백 살을 넘긴 우리 집 은행나무는 자손들 결혼식 때마다 귀한 열매 내어주고도 거뜬한 자세를 허물지 않았다

마을 걸인에게 아침밥 한 상 차려주고 심으라 한 은행나무. 밥 잘 먹고 은행나무 심어놓고 간 사람이 오후에 와서 다시 뽑아놓고 갔다는 은행나무. 이유인 즉 내가 죽을 것 같다는, 이 나무 심어 놓고 난데없이 으슬으슬 춥고 머리가 아팠다는

그런 일이 있은 후 증조할머니가 팔 걷어붙이고 직접 심었다는, 그래서인지 대대로 우리 집안 여인네들은 궂은 일 마다치 않는 억척. 혼례 때마다 그 귀했다던 은행 진상 거르지 않았다

만학

운동화와 잠자는 책가방이
현관 선반에 있다

나랑 같이 시집왔는데
너는 사랑받고 나는 이게 뭐야
투덜거리는 가방과 신발

너는 일백이 층도 올라가 봤잖아
나는 학교밖에 안 갔다
엠파이어 빌딩을 말하는구나
우리나라 육삼 빌딩보다 못하다

하버드 대학에도 갔다면서?
그래 갔지, 대단한 줄 알았지
캠퍼스는 내가 매일 너랑 가는 대학보다 못하다

영하 십팔도에도 학교에서 학생들은 공부하더라
십 년 다니고도 졸업 못 한 애들도 있더라

그에 비하면 우리가 다니는 학교는

4년만 다니면 졸업들 하잖아

낡고 닳았어도 버리지 못하는
입학 날 며느리가 사 준 신발과 가방
티격태격 다투는 소리
졸업까지 3개월 남겨둔 지금에야 듣는다

너희도 고맙고 나도 대견하다

짝사랑

수줍어 말 못 하고 바위 뒤에 숨어서 바라만 보다가 봄을 다 보냈다

따가운 햇볕과 비바람 핑계만 대다가 다가가지 못했다

너에게 무릎 꿇고 사랑 고백하고 싶지만 나는 무릎이 없는 달팽이

제비꽃아, 새봄을 기약하며 나는 너를 또 보낸다

잔별의 사연들

딸 시집갈 때 준다고 이불솜 타러 간 어머니 오른손도 타 오셨다
그 바람에 시어머니 할 일, 잔치 음식 모두 내 차지가 되었다
쌀을 소두 한 말씩 두 번 고아 만드는 일 예삿일 아니었다

유과 강정 약과 만들어 시집에 보내고 집에 잔치하고 신부 이불이며 옷도 만들고 식구들 삼시 세끼 밥하고 빨래하고 버선에 솜 넣고 설 차례 지내고 무명베 이불 빨고 나니 하혈이 흐른다
그런 날 두고 시집갔다 친정 다니러 온 시누이 날 과부 된다고 놀려댄다. 머리채 끌고 패주고 싶지만 끝내 나는 참을 수밖에 없었다

잔잔한 밤하늘의 잔별들 수많은 사연으로 하나하나 이름을 지어주는 재미로

마지막 흔적

어느 늦가을 얼굴은 어지럽게 핀 꽃밭이다
물린 자국, 타살 자국

노래하며 덤비던 여름이
거울 안 그려진 자화상 힘없는 붓질을 남겼다

독후감 쓰다 든 잠결에도 손바닥으로 터트린 건지
타살과 독살의 미련이
무의식적 자학의 흔적이다

커튼을 열고 잠든
내 잘못의 후회는 어디 가고
추운 밖에서 불러들인 안쓰러움에
얼굴꽃밭 만개를 볼 수 있어
좋았다

질식이 질식에게 손찌검을 가한 곳에서
살생의 죄가 아리다

마무리되는 한 해

언 팥죽 담긴 장독 위에 도랑사구
느림보 오매가 들고 방안에 든다

바빠진 쫄맹이들 숟가락 위에서
높은 하늘로 떠올려진 양 떼들

달팽이는 제비꽃을 사랑했다 하고
수줍어 다가가지도 못했다 하고
너도 가고 나도 가고
고백할 사랑만 남아서 동동거리는 발걸음

더는 장독 뒤에 숨어서 바라보지만은 않을 거야

우리 아배 토사물 우리 오매 가슴앓이
멀리서 제야의 종소리가
겹겹이 콩가루 묻힌 인절미처럼 굴러와
어디로 갔나, 어디로 갔나

둘레둘레 끈적끈적한 사랑 흔적 살피는
한 해의 마지막 날 자정 무렵

경칩, 추억을 긁다

모과나무가 겨울잠 자며 퍼 올린 물에
벌 나비 중매한다고 바빠지네요

신나는 우리 손자 할아버지 만류에도
신기해 건드리는 냉이 쑥 잔디
여느 풀잎들도 아무렇지도 않게
아저씨들 밟고 가서
세상 구경하려 내민 여린 고개 아득해져요

마른 논 안고 도는 엄마 따라가다가
엉덩이 한 대 맞고 놀란 송아지
우리 엄마 두껍고 칙칙한 옷소매에
방금 전 젖꼭지 물던 혀로 침 발라
자꾸 분홍 꽃무늬 새겨요

경칩에 눈 뜬 회충을 다 잡을 거라고
칼로 토막 낸 할미꽃 뿌리처럼
뒷산 폭포는 조금씩 허물어지고요
할미꽃 식혜는 덜커덕거리는 얼음 조각들

>

추억은 모두 가려운 종아리
긁적긁적 우리 집 겹경사라도 날 듯
쓴맛의 생들, 독한 뿌리까지
긁히고 긁힌 상처 위에서 달짝지근해져요

어설픈 마감

달팽이는 제비꽃을 어지간히도 사랑했는데
높고 높은 하늘의 양 떼 어디로 갔나

수줍어 다가가지도 못한 사이
너도 가고 나도 가고
다음에 만나 고백할 사랑은 바위 뒤에 꽁꽁 숨겼다

우리 아배 토사물, 우리 오매 가슴앓이 아는 건
봄날 떡가루 뒤집어쓰던 동구 밖 천년 이팝나무
멀리서 날아온 큰 절집 종소리에
슬그머니 포개는 밥숟가락

장독 위에서 앞발 쳐든 다람쥐도 안다는 표정
우리 오매 따르는 거북이 졸병들
팥죽 떠먹는 숟가락 바빠질 때
그때가 동지인 것을 아는 나는
아직도 마감되지 않는 사랑, 그대에게
건네지 못한 편질, 찾으러 간다

양 떼 숨어버린 바위 뒤에

어설픈 손금 호호 불며 새긴 둘의 이름
이끼이불을 들춘다

詩가 나에게

시는 우물가의 엄마다
땀범벅 흙 범벅이 되도록
뛰놀다 돌아온 나를
등짝 후려쳐 엎드리게 하고
알몸을 씻기는 엄마다
마음이 아파 영원히 잠들고 싶어도
울고 하소연하고 싶어도
엄마 가슴에 멍들까 봐
엄마가 되어 써 내려가는 엄마의 마음
그게 나의 시다

살아가면서 힘들었던 일, 속상한 일들
친구에게도 말 못 하고 남편에게도 말 못 하고
자식에게도 못 한 말들
詩를 쓰고 나면
마음까지 말갛게 씻겨지는
그런 시를 생각하다 잠이 들면
몽롱한 꿈속까지 따라온 詩 구절은
외로움조차도 마중물
펌프로 퍼 올린 천 길 지하수다

>

온몸으로 맞아도 아프지 않은
엄마의 손바닥
등짝 후려진 그날의 물줄기
살붙이 정겨움이었음에
흐려진 손금 핏기 흘러들라고
물의 손톱으로 누른다

소나무 꿈 · 1

누구의 꿈속에 들까? 숲길을 서성이던 나는
너는 나이가 몇이냐?
하늘에 눌려서 더 자라지 못해도
꾸불꾸불하고 불룩불룩한 거대한 몸매
천 살은 먹은 것 같은, 하늘에 멍석을 깔아놓은 것 같은
늙은 소나무의 꿈에 든다

소나무 꿈 · 2

평평하고 넓게 자리한 푸른 물결
솔잎들은 결코 나를 찌르지 않았다
반백을 겨우 넘은 나는 남들이 보면 흉할 수도 있는
꼬부리진 허리, 힘들게 펴서 몇 자국 걸어가지만
쪼글쪼글 얼굴에 분을 두들겨 보지만
흉하기만 하다

소나무 꿈 · 3

하소연해도 너는 대답이 없는, 나이 들어도 폼 나는 소나무
너는 화엄사 뒤에 살아
팔이 꺾어져도 눈을 이불 삼아 잘 살았다 들려주는 꿈

날아가는 새 한 마리 찾아오지 않는
긴긴 겨울밤 외로워서 어떻게 지내니!
그래도 매일 운동하고 즐거운 마음
웃고 산다, 그래도 아직 나를 필요로 하는 사람
남편은 있다고 으스대본다

소나무 꿈 · 4

몸은 굽었어도
꿈자리 평평한 그늘로 펴는
소나무 꿈을 읽은 나도
참 괜찮은 소나무다

이슬이 이슬에게

이슬이 깨끗할 거라는 생각의 배후를 읽는다. 이슬을 받아먹고 몇백 년을 사는 신선을 만나보지 못했으나 오래 살고 싶은 욕망도 없이 해 뜨면 사라지는 이슬은 그 자신이 신선이 아닐까. 몸에 좋다고 개구리도 뱀도 잡아먹는 사람에 비하면 고혈압도 뇌졸중도 없이 갈증 난 풀의 뿌리를 적셔주는 아침이슬 출세를 위해 나보다 잘되는 사람 끌어내리고 나만 잘살겠다고 사기 치고 도둑질에 폭행까지 회사야 나라야 어찌 되든 데모하고 난리치는 그런 사람들에 눈에 비친 이슬은 어떤 이슬일까. 이슬이란 말만으로도 세상 사람들의 거울이 되는 이슬 그러니까, 가장 아름답고 강대한 나라는 이슬나라 어떤 이슬을 달지 않아도 다 설명되는 명징한 눈빛 이슬. 밭 건너온 사슴의 눈을 닮은 사람이 가장 그리워할 또 하나의 이슬

추억의 자리

아무렇지도 않게 밟고 가는 길에서 만난 냉이와 잔디는 할아버지의 할아버지이거나 손자의 손자일 수도 있다. 세상 구경하려고 내민 고갯짓만 보아도 저마다 다른 몸짓이다. 자세히 보면 알 수 있다. 저마다 다른 근심 저마다 다른 희열 마른논 안고 도는 송아지도 엄마 소의 젖을 물고 한눈팔 듯 살피는 풀의 맛. 보리이삭의 맛. 기어이 엉덩이 한 대 얻어맞고 엄마의 두껍고 칙칙한 옷은 거들떠보지도 않더니 밝고 화사한 옷 입고 나서자 혀를 대는 옷소매. 그러니까, 어리다고 눈이 없는 것은 아니었다는 것. 벌 나비 중매한다고 바빠질 때 겨울 지나온 나무들 물 올린다고 아랫도리 흥건할 때, 내 추억의 자리에는 회충을 잡겠다고 칼날 빛깔 우러날 때까지, 할미꽃 뿌리로 식혜를 끓여 장독에 담는 엄마가 있다

사랑이 오는 길

사랑이 거기 있다고 해서
가시넝쿨 엉켜있는 길 헤쳐 나갔다
남의 밥 더 큰 콩을 탐하지 말라고 해서
눈감고 밥만 퍼먹었다

먼저 주고 베푸는 일 포기하지 않아야
사랑이 찾아온다고 해서
눈 위에 첫 발자국 남기고 걸었다
겨울밤 가만히 걸어 달 아래 서성대다가
낭만에 발이 얼었다

오지 않던 사랑은 가려운 발가락
화창한 봄날 개나리 울타리 아래
이미 사랑은 병아리로 와 있었다

늦잠의 침실 창문 틈으로 찾아온 빛
주말의 등산로에서 따라온 풀씨
여름바다 해수욕장에서 그을린 등
갈매기 부리 실수로 떨어트린 물고기

>

그러니까, 사랑은 눈물의 씨앗
믿어서 좋은, 안 믿어도 좋을
그런 사랑의 길은
길 밖에 있다

2부

그런 시절이 있었다

무지개

하느님도 일단 요리를 잘하려면
빠른 감각으로 콩을 볶아야 하거든요
번개의 손으로 낚아챈 돼지 한 마리로 요리하는데
독수리도 부엉이도 놀라 도망갔어요
얼룩도 사슴도 달아나는 파란 들판
유유히 풀 뜯으러 가는 뉴질랜드 양 떼들

전쟁이 났어요!
불이 번쩍번쩍 하늘로 날아다녀요
농짝을 던지나 봐요! 우르르 쿵쿵 와장창 탕탕
죄짓지 마세요! 죄지은 사람은 농짝에 맞는대요

하늘에 구멍이 났나 봐요!
목마른 구경꾼들이 좋아하네요
전쟁이 끝났다고 하늘이 차린 만찬
다리를 내려놓아 땅에 내려와 살던 선녀들을 데려가나
봐요

나도 일곱 색의 고운 다리 위로 올라가야겠죠

>
이번에는 눈 붉은 토기 한 마리 낚아채
어찌 요리를 할까 요리조리 살펴요

돼지 요리는 엄마 아빠에게 드리고
우리 할머니 닮은 토끼, 토끼요리는 할머니에게 드려야지
캄캄하던 하늘로 들어 올린 칼날

물방울 입자에 땅 위는 풍요로워지고

그런 시절이 있었다

가난의 막바지에 가르친 건
발길질로 하는 욕이다
닭 모이 주듯 주르르 흘리던 껌
지나가는 미군 지프차 따라가던 아이들
껌 달라 외치는데
껌 던져주지 않아 생겨난 원망은
손으로 하던 욕
그다음은 발길질로 바뀐다
민망한 통역관은 애들이 하는 짓을
대환영이라고 통역했다는…,
양치질도 안 한 아이가 씹던
미제 껌에게 너도 나도 내밀던 손
씹던 껌 잠잘 때 붙여놓던 벽
내게도 있었던 차가운 벽
다시 입안에 들어
너무 많이 흐물흐물해지면
고무줄과 함께 씹던 껌

그날의 껌 맛은 기억만 기억할 뿐
동네 슈퍼 진열장 껌들

이 껌 저 껌 골라 씹어도
가난이 무언지 모르고 가난했던
그날의 껌 맛은 아니다

이제 기억에 대고 자꾸 발길질하며
껌을 씹으면 된다

생일 아이러니

오늘은 예순몇 번째 생일
그깟 나이 한 살 더 먹는데
머리가 무겁다

풀에게 생일이 있을까
씨앗이 묻혀 있던 흙의 막을 뚫고
초록 이마를 내민 그날이 생일일까
아니면
잔뜩 매달고 있던 여문 씨앗들을
공중으로 한꺼번에 휘리릭
날려버리는 날
아마도 그날이 생일일 거야

하나의 씨앗이 여물어 이룬 번식에도
지구는 풀로 넘쳐나지 않았고
여전히 배가 고프다는 것

저녁 먹고 약 먹고 목에 약 바르고
어제처럼 태연하게 눕는데
무엇이든 먹고 자도 멀쩡하던

췌장이 아파온다

무겁던 머리에 이어
돌아갈 날 앞둔
풀의 아랫배도 생일이다

미루어둔 소풍

나는 육십세 살 여고생 안재경이다
책가방 메는 날부터 꽃다운 나이다

야학에서 수승대로 소풍을 갔다
젊은 친구들과 선생님들 모두 같이 타는 물썰매
나는 열여덟 살로 날았다
밤에 피운 모닥불 앞에서 촛불 들고서도
나는 여고 일 학년이다

다음 날은 콧노래로 곡목 알아맞히기
수화로 자동차 이름 맞히기
흙에 배 깔고 지렁이 되어 보기
선생님의 고추잠자리 흉내 내기에도
까르르 웃는 웃음 쉴 틈이 없는 나는
열여덟 살의 천진한 소녀였다

옛날 우리 집이 잘살아서
일찌감치 고등학교 졸업을 했더라면
못 느꼈을, 뒤늦게 찾아온 즐거움들

>

육십세 살의 여고 일 학년 안재경
낯설어서 신비한 이 소풍에
수승대 물결도 덩실덩실

문주란

우리는 물었다
들어왔던 곳이 어디지, 나가는 곳은 어디지

손잡고 걸었던 벚꽃 만개한 거리
눈꽃을 닮으려는 꽃의 세례식엔
내 손잡은 당신이 서 있었다

사진을 찍다가 영화를 보다가 밥을 먹다가
태어나 처음 들어가 본 신성호텔
지금 생각하니 삼류호텔
신혼여행 거기가 천국 같았다

밤은 지나갔고 안개는 남았고
그는 창령 행, 나는 수산 행
버스 안의 나는 손에 허전함이 들었다는 걸 알았고
그 느낌을 달래기 위해 눈 안에 들어온
도로의 거리와 폭을 마음대로 늘리고 줄였다

버스 뒤로 사라지는 노래는
아마다미야

어디를 보고 살까

웃음 건강학 정기범 선생의 강의
웃는 데는 적이 없다고 한다
육영수 여사는 아이들에게
위를 보고 걷자고 했다
작은 일에 감사하고 만족하는 게
부富보다 낫다고
나는 자식들에게 가르쳤다
돈이 아무리 많아도 욕망이 너무 크면
만족은 없고 불행하다는 사실
생활이 쪼들릴 때 나보다 더
가난한 사람들을 생각해보라고 했다
위도 아래도 없이 웃고 살 수 있으면
긍정적으로 살면
뒤로 넘어져도 코피가 터지면
그래도 뇌진탕은 면한 것이니
위도 아래도 아닌
고개 뻣뻣이 쳐들지 않고
공손하게, 함부로 찡그리지 않으며
앞을 똑바로 보고 사는 게
제대로 잘 사는 게 아닐까

셋째 딸 이력서

―중매

가끔 버스도 다니고 오일장 서는 동네
한약방 하시던 아버지는
혼기 든 나를 두고 저울질이시다
조건의 첫째는 부잣집 아들은 안 된다 한다
방탕하고, 자립심 없고 아내를 사랑하지 않는다는 이유
그러니 살기가 비슷해야 한다고 하신다

19대 종부 자리 지키는 엄마는
발품 팔아 찾아온 중매쟁이 할망구들에게
장손은 안 된다고 바짝 마른 명태를 내던지신다

아버지 어머니 몰래 쥐여 준 중매쟁이들 사진
그중 내 맘에 쏙 든 건 빨간 마후라 공군 아저씨
이미 내 맘은 기울었는데
이번에는 오빠까지 구워삶긴 것인지
나도 모르는 어떤 총각에게
내 맘에 들어도 안 들어도 시집가게 생겼다

장가오던 신랑이 타고 오던 택시

고갯마루 올라오다 도랑에 빠졌다고
동네 청년들 떼거지로 몰려가서 번쩍 들고 들어온 신랑
그렇게 고생 투성이 시집살이는 시작된다

밉다, 곱다 트집 잡는 시집 식구들
장날 친정집 들르서는 칭찬만 하더라는
그럭저럭 산 세월이 길기만 하니
그래도 영 잘못된 혼사는 아니었다

하늘과 땅 사이에

주린 배 잡고 물 마시던 바가지가
하늘과 땅 사이에 있다
어둠의 마디마다 촛불로 켜지던 박꽃
임금에게 충성하고 부모에게 효도하고
형제간에 우애 있고, 이웃 간에 정 나누고
개도 몸 바쳐 주인을 살리는
동방예의지국의 하늘과 땅 사이
기어가던 넝쿨은 식민지 36년
해방한다고 애국자들 희생하고
좌익 우익 내전의 육이오 이후
아직도 하늘과 땅 사이는 어지럽다
층간 소음에 아래층 위층 칼부림
유산 때문에 형제간의 전쟁
오뉴월에도 살얼음 버석거리는
하늘과 땅 사이 꽃바람 언제 불어올까
하늘도 땅도 그냥 두면 밋밋해서
사람들 우뚝우뚝 세우는 금전의 기둥들
수직을 타고 올라 둥글게 매달린
저 수많은 싱싱한 흥부네 박들
누군가 쪼개지 않으면 안 될
하늘과 땅 사이 고민은 깊다

변신

구름을 끌고 온 염소가
뿔로 솜사탕을 만든다
먹구름에 떠밀린 늙은 염소가
바람 앞에서 달콤하게 웃는다
담배 문 젊은 남자가 창가에서
연기로 도넛 구름을 만들고
틀니를 빼놓은 할아버지는
내뿜기에 바쁜 구름과자에
둥둥 떠오른 건 공원 벤치였다
한이 많은 할머니는 버스를 기다리고
한이 없는 할머니는 택시를 기다리고
구름을 치받던 염소의 뿔은
활짝 벚꽃 가지에 걸렸다
허둥지둥 외로운 구름이
갈래머리 소녀의 손에 쥐여서
이젠 호랑이도 사자도 두렵지 않다고
다섯 색깔 계단을 함께 밟고 오른다
솜사탕으로 뿔을 가리면
너도 나도 염소처럼 웃는다

가을일기 · 1

계곡과 산등성이
검게 타버린 잎들이 길을 열었다
없던 길들이 드러났다
해에 찔린 피가
후미진 골짜기까지 흘렀다
울어볼까, 웃어볼까
저녁 굶은 시어머니 같은 하늘은
울다가 드디어 웃었다

맑아진 바위의 표면에
무겁던 머릿속까지도
가뿐해졌다

가을일기 · 2

사랑한다 좋아한다
지저귀느라 참새의 부리는 고단해졌다
내 마음은 알지 못하는 참새
저희들 쫓느라, 팔은 고단하기만 한데
하나뿐인 다리가 아파오는데
나는 싫다 좋다 말도 못 하고
중매하느라, 애도 이만저만 쓴 게 아닌데
찾아오지도 않는 매정한 벌과 나비들
자식 자랑에 열중인 사과나무 감나무는
너털웃음이다, 떨이로 다 팔아넘긴 비단장수
찢어지게 웃던 참새의 입들
파먹을 양식 다 떨어지면 어쩌나
물 날린 옷가지 벗자
앙상한 뼈마디 드러낸 허수아비
눈 맞을까, 다 거두어들였으니
알곡 여물 내년 가을까지
어느 기억의 창고에 둘까

틈

마당가 오동나무 열매 흔들어 댄다

살얼음 낀 팥죽 그릇에 코피 터질까 봐
엄마의 숟가락은 느려지고

아이들의 숟가락은 바빠질 때
어디만치 달아나다가 돌아와 바람은
자목련 꽃잎을 등불처럼 걸까

어제일까 그제일까

스멀스멀 가려운 바늘의 귀

곡비哭婢 · 1

우리 동네 닭의 몸은 종鐘이다
어둠이 세 번 문지르고 가서
세 번 울리는 종
산 사람이 세 끼 밥 먹을 때마다
죽은 자에게 올리는 예의처럼
우리 동네 닭은 밤에 세 번 운다
어둠이 밀려와서 초저녁에 울고
어둠이 온통 눈앞을 가려서 울고
아침을 부르며 한 번 더 운다

곡비哭婢 · 2

우는 닭을 밤에 쓸데없이 운다고
아무도 나무라지 않는 것은
캄캄한 세상에 대신 울어줄 수 있어서다
닭은, 우리에게 필요의 존재라는 것
배고파 밥 먹을 때 울리는 사찰의 종소리처럼
무위도식 그냥 사는 일
어둠에 항거하지 못하고 사는 일
그 부끄러움을 닭의 목청이
대신해주기 때문이다

노랑의 반란

추위의 막바지 꽃피는 산수유는
겨울 대장간이다
추워도 춥지 않은지
훌훌 벗은 옷
달궈진 무쇠를 두들길 때
사방으로 튀는 불꽃의 시간이 지나면
쉭쉭 찬물에 담가지는 쇳소리
동짓달 긴긴밤 나는 들었다
캄캄하던 나무가
무디어진 혀를 버리겠다고
독사처럼 쳐든 머리로 서서
훌훌 껍질 벗더니
대장간 벽마다 걸리는
낫 호미 괭이 쇠스랑들

봄꿈에 젖은 밭고랑들은
담근질 그리워 근질근질

나무가 흘리는 매운 콧물이
탁탁 튀어
철책선 넘어 번지고 있다

봄날은 또 오고

입춘대길立春大吉 써 붙인 대문은
아직 춥다

멀지 않은 비탈 나무들
물 길어 올리는 박동 소리 아직 희미해서
버쩍 마른 나이테로 기억하는
모든 겨울은 추웠다

우수 경칩이 지나 대동강물이 풀린다고
추위가 아주 사라진 것은 아니다

눈앞을 훤하게 밝히는 입춘대길을 펄럭 펄럭
마른 논 안고 도는 엄마
따라가지 못한 송아지가 무슨 수로 읽을까

병아리 단장한 부리가 언 땅을 쪼는
그리도 온다는 오고야 만다는 봄날이니
누구를 기다리는 것처럼
연분홍 옷고름 휘날려 본다

봄 신령

창틈으로 가만히 들어온 그는
나를 안고 매만지고 입 맞추다 속삭인다
사랑한다고

속삭인 말은 창밖으로 날아가서
새봄이 왔다고 새들을 유혹한다

당신이 보고파서 눈이 짓물렀다고
흘린 눈물은 강물이 되었다고

이건 내 말이 아니라 순전히
버들강아지의 말임을
봄의 신령 봄바람은 내 귀에
따라 부를 노래로 들려준다

너도 목마른 누군가를 사랑하라고

방생

신발 속의 발가락이 바빠지고
밥숟가락이 바빠진다
밖으로 몰려나온 애인들 덕분에 즐겁고
하루 일이 실패 없이 줄줄줄 풀린다
사랑이 오는 길에 따라온 행복
안이 밖으로 기어 나오면서
기도처럼 염불처럼 열리는 길
못 안에 겨우내 고여 있던 물이
못 밖으로 흘러가면서 번지는
울음들, 울음이 부르는 발정에
온 천지 짙어지는 초록

3부

개밥에 도토리다

예전엔 미처 몰랐다

그날이 그날 같은 날
같은 시간대에 하는 드라마
왜 나는 기다려지는지
혼을 다 빼앗기고서야, 적이었다는 걸 알았다

드라마에 망쳐진 나는
후회할 내일을 몰랐던 거다
숙제는 미루어지고
수업 시간의 졸음은
눈앞에 몰려든 초파리 떼

갈급한 영혼을 나누어 뜯어먹고
썩은 살점을 나누어 뜯어먹고
수천 개 날개로 날아올라
너는 어디로 가는지

후회뿐인 나를 떠나는 초파리 떼들도
한 순간을 건너
예고되는 새 드라마 속으로
정신없이 날아가고

국화

서리 내린 울타리 따라서 걷는
지팡이 짚은 백발의 여자
뒤태가 하도 예뻐서
쫓아가 어깨를 툭 쳐봤더니

일제 강점기 때에는
서리 맞은 국화도 어여쁜 꽃이더라는
노래가 흘러 나왔다

살아있다는 자체가 전부 괴로움이니까

아, 글쎄! 밀양 초동면
늙어도 얼굴만큼은 참 고운
춘자더라

지팡이 내던지고
나를 부둥켜안더라

추석 성묘

설날보다 추석이 좋은 건
추운 날 언 손 호호 불며 고던 갱엿보다
식혜로 상차림 하기 쉬워서다
눈길 미끄러지며 산소 가는 길
증조모 산소는 그나마 낮은 산이지만
고조 산소와 오대조 산소는 너무 높아
설날보다는 나는 추석이 좋다
성묫길 만나는 들꽃들
그래 참 수고했다며 건네는 말
시리던 무릎도 거뜬해지는
무겁던 허리도 당겨지는 하늘
먼저 가신 조상님들
식혜 들고 가는 길 달달해서
생이 분주한 나비도 볼 수 있으니
산목숨 나도 좋다
봉분은 모두 깔끔하게 이발한 머리로
찾아가는 나, 오기를 기다린 듯
그 자리 그대로 앉았다

답례로 올리는 꽃 한 다발

공부보다 어려운 공부

뒤늦은 나이에 시작한 문학 공부
현대시인 연구 중간과제를
만사 제쳐두고 일찍 작성했는데
이게 뭐야! 홈페이지에 올라가지 않는다
온라인으로 제출하려 했으나
컴퓨터는 문학 공부보다 어려워
결국은 지혜의 힘을 빌려서야
내 숙제는 겨우 제출 되었던 것

물 위에 뱅뱅 도는 기름처럼
갑갑해 동동 발 구르던 심정을
지혜는 알고 있었을까
너무도 고마운 지혜가 있어
세월의 거리도 뛰어넘어
우리는 친구가 될 수 있어
깨어질 것 같던 머리가 개운해졌다

감기

좋아하지도 않는다
사랑하지도 않는다
미워하지도 않는다

너는 구렁이 알 같은 내 돈 먹고
배 먹고 대추 먹고 생강 먹고
무엇이 더 먹고 싶어 내 피를 엿본다

살점 조금은 줄 수 있다
제발 먹고 떨어져라
삼백육십오일 안 봐도 보고 싶지 않다
멀리 가거라, 사라져라

영남루 기둥 같은 내 다리를 무너트리려
찰싹 달라붙은

세컨드 같은

잔별노래

언니언니 사촌언니
시집살이 어떱디꺼
시집살이 개집살이
앞밭에는 고추심고
뒷밭에는 당추심어
고추당추 맵다해도
시집살이 더맵더라

이거
남 이야기
아니더라

초록색 가운

때로는 칼이 되고, 때로는 약이 되는 옷이 있다
외롭고 쓸쓸함 때문에 못 이룬 잠
움츠린 어깨 가만히 감싸주는 옷이 있다
사업에 실패한 사람들, 시험에 낙방한 사람들
배꼽을 가만히 덮어주면
내일에 일으키는 몸은 가뿐해질 옷
본래의 숲에 들어 본래에 이르게 하는
단돈 삼천 원으로 처방 없이도 사 입은 옷

잠옷이란 이름의 옷, 원시의 민무늬

노래방

그대가 그대에게 쳐들어가도
내가 나에게 쳐들어와도
어울림은 즐거워야 하지
모두가 엉덩이 살랑살랑
어깨가 들썩들썩
목구멍에 숨어 살던 꾀꼬리를 불러
솔솔솔 솔바람 물고 흥겨워지는
멀쩡한 새 둥지처럼
먼 하늘 건너온 새일수록
요란해도 좋은 그런 방

음지

내 척추는 아직도 서른 살이다
다쳐 화장실을 네발로 다녔다
남편 사무관 시험 기도를 하러 절에도 네발로 갔다
일이십 분 든 잠에도 헤매는 사경
9살 딸아이가 밥을 하고 청소하고
시어머니는 무당 데려와 굿을 하고
양의도 한의도 스님도 다녀가고
내 몸의 척추는 음지, 그래도 할 일은 다 했다
진통제 까먹으면서도 봉사하고 부업하고
심지어는 회사도 다녔다
구부리고 다니면서도 시아버님 암 투병 간호 6개월
사후에도 선몽 후 내려주신 복인지
남편 승진하고, 4남매 자식 대학 졸업하고 취업하고
친손 외손 일곱이나 두었다
노년기에 대학까지 졸업한 것도
서른 살에 멈춘 척추의 힘
억척같이 살아온 나를 둘러싼 가족들
음지에서 자란 고사리 맛에
불가능도 가능이라는 맛에
펄펄 부챗살처럼 펴지는 허리의 힘

핑계

해연서원 갔다가
본 개불알꽃

이름은 큰데 왜 이리 작은 거야?

요-이-땅
일등으로 달려 나온다고
다 크지를 못했다 하네

조숙한 놈

영혼

노래교실에서
단체로 간 여행
큐슈였다

모두 다른 온천의 물색들
그중 나의 물색은
아픈 허리였다

움직일 때마다 밀려오던
불편한 통증들

여행지에 함께한 가수 몇 분
흥겹게 부르는 노래에
아! 아픈 곳 간곳없다

한판 돌렸다

영혼이 육체를 이기는 힘은
춤과 노래였다

고양이 띠

십이지에도 없는 나는 고양이 띠

쥐를 싫어하지

얌체를 싫어하지

귀엽고 예쁘게 보이려고

눈 동그랗게 뜨고

매일매일 세수하고

순한 척하지만

약은 쥐 앞에서는

호랑이가 될 수도 있지

한가위 생각

고향의 앞산 뒷산
높은 곳에 계시는 조상님들
깨끗하게 이발해드리고
육탕 어탕 봉탕에 내 손은 바빠졌다
어릴 때는 새 옷 입고
이밥과 고기 먹어 좋았다
늘 바쁜 부모님과 함께해서 좋았고
학교 안 가서 좋았고
보름달에 빌 소원 있어 좋았다
차례상 차려놓고
이리저리 살피지만
한 가지는 꼭 빠트리는 건망
오신 조상님들도 허허
제관들도 너그러워졌다

나도 이제 그만큼
연륜이 깊었다는 것이겠지

얼굴 찡그린 조상님 위해
생전에 못 보신

바다 건너 온 한 덩이 달도
덩그러니 제상에 올린다

개밥에 도토리다

물어물어 강의실 찾아가도 아는 사람 하나도 없을 때 느낀 만학도의 기분 개밥의 도토리였다

그러나 요즘 개밥은 옛날 개밥이 아니다. 거기에 다이어트식품 도토리 곁들인 식사라니, 이만하면 괜찮은 신세 아닌가

시인 선생님의 숙제는 영화 보고 감상문 올리기. '아내가 결혼했다' '돼지가 우물에 빠진 날' 숙제는 숙제이고 영화 보는 재미도 있었으니, 즐거운 만학이다. 바우어관에서 꿀맛, 육개장 먹고 책가방 메고 여학생 휴게실에서 낮잠 한숨 때리는 맛도 꿀맛, 종일 학교 있다가 집에 와서 먹는 밥맛도 꿀맛, 밥 먹고 바로 자면 췌장에 안 좋다고 컴퓨터 앞에서 밤샘하고

난 제대로 개밥에 도토리가 되기 위해 취업도 안 되는 만학의 길을 꾸역꾸역 몸 안으로 밀어 넣는다

어쩌면 남들 학교 다닐 때 일하느라 공부 못 한 게 한이 되어 대접받는 개밥에 도토리까지 먹을 수 있으니, 이 눈치 저 눈치 안 봐도 되는 공부이니 또한 즐겁지 아니한가

먼길

서산과 숨바꼭질하는 해에는
아버지에게 가는 길이 있다
아버지를 찾다가 동생 재호는
약 한 첩 못 쓰고 죽었고
그나마 동생 재량이를 살리기 위해
아버지 찾아 나선 이십오 리 길
내 나이 일곱 살은 시커먼 서산이다
좌익 우익 마을 사람들에게 말도 못 해
숨은 아버지 혼자 찾아 나선 길
마지막으로 본 불덩이 같은 동생 모습에
나는 땅만 보며 울었다
쌍갈래 길에서 이리 갈까 저리 갈까
차라리 돌아갈까
아픈 동생이 미는 건지, 아버지가 당기는 건지
지금도 나를 오라고 손짓하는 해
마을을 한참을 지나고 가다 보면
다시 만나는 길은 겨울 텅 빈 들판

자주 그곳에서 난 또 길을 잃는다

음지

가난에 떠밀려
연필 대신 호미를 잡았다
결혼하고 43년 동안 일만 했다
손자 같은 애들하고
책가방을 메는 날부터
나는 십팔 세가 되었다
입학한 야간 고등학교에서
거창 수승대에 소풍을 갔다
물썰매도 타고 공놀이도 하고
숲에서 스피드게임도 하고
모닥불 피워놓고
촛불 하나씩 들고 하는
자기소개에서도 나는
십팔 세 안재경이었다

나이를 거슬러 오르면 보이는
음지가 양지되는 순간들

물 두 통에 일 원에 팔던
그늘인 아버지 원망도

수승대 물길은
말갛게 씻기고 있다

울산 방어진

말로만 듣던 울산 방어진
아장아장 걸어오는 바닷물
소나무 사이로 따라오는 어선漁船
내 마음을 빼앗아가네
멀리서 손짓하는 풍차가 있어
하루 종일 메고 다닌 피곤이
가쁜 숨을 내려놓네
우리들의 즐거운 공부시간
울기등대는 꼼지락거리는 장난
어두워 오는 바다에
부싯돌을 문질러 사랑불 켜네
하늘에 튀어 오른 불티에
내 발을 붙잡는 잔별들 총총
나 오늘 집에 가기 싫어졌네

허수어미

졸지도 못하고 들에 서서
참새들 쫓고 있는데
저들은 나를 사랑한다 좋아한다
어깨에 매달린다
나는 좋다 싫다 말도 못 하고
귀찮고 무거워
하나뿐인 다리가 아프다

허수어미가 아프다

가을일기 · 3

후미진 계곡
골짜기까지 찔러낸 해는
산등성이에 올라
검게 타고 있다

여름 내내 속이 쓰려
앓던 속
울컥 토하는 핏덩이가
울어볼까, 웃어볼까
나뭇가지마다 걸렸다

저녁 굶은 시어머니 같은
하늘은 더디게 울고

눈물에 닿아
타다가 꺼지는
소원지所願紙 바라보는
내 머리는
구석까지 맑아졌다

4부

까마귀 유머

황소바람

우리 오매 바느질하고 우리 시야* 뜨개질하고 우리 쫄맹이들 구구단을 외우면 감히 황소바람 방에 들어오지 못하고 밖에서 큰소리친다. 귀 열고 대나무 노래 따라 부른다

우리 오매 우리 시야 우리 쫄맹이들 어깨 맞대고 순정소설 연애소설 읽으면 잠자다 민망해진 황소바람 방에 들어왔다가 낯 붉히고 나간다. 우리 꿈 깰까 봐

석유 등잔불 아래서 우리 시야 머리 맞대고 꼬박꼬박 졸 적에 황소바람 들어와서 눈꺼풀 들어올린다. 머리카락 쓸어 올린다. 삼단 같은 머리카락 호롱불에 태울까 봐

*시야 : 나이 어린 시누이를 다정하게 시인이 부르던 호칭.

주름살 지우기

비행기 날아가는 길목에
고분군 있다

들국화 향기에 설레는 걸 보니
나는 아직도 소녀다

연인을 만나듯 들어선 솔숲
폭염에 목마른 골짜기마다
짓궂은 가을바람은
고운 옷 갈아입히기에 바쁘다

황혼길에 접어든 나는 서글퍼져서
내 마음은 단산지 주름진 물결에
다리미 바닥 같은 조각배를
띄운다

비행기 소리에 지친 나비는
곡선의 능이
얼마나 지겨울까

내 안에 살고 있는 말

어제의 날들은 다 멀어졌어도
얼굴은 가물가물해졌어도
저녁을 먹고 나면 들리는 말

"밖에 나가 놀다가 소변 보고 자거라"

명절 때마다 손수 만들어주신 때때옷
열네 분 제사상 올릴 때
한 번도 거르지 않는 상어새끼

배 아플 때 바늘로 찌르던 손끝
만져주던 시계방향의 손길
봄가을로 만들어주던 할미꽃 식혜는
나 또한 자식들에게 거르지 않았다

오늘도 나는 저녁을 먹고
하늘에서 내일의 날씨를 점치고
말씀대로 소변은 꼭 보고 잠든다

오늘의 명언

나이는 숫자에 불과하다
명언 같은 노래의 가사들

젊은이도 하늘나라 가는 배를 타고
백수에도 정정하고
방 아랫목에 누운 사람
요양원에 누운 사람

하늘로 가는 배를 탈 때까지
더도 말고 덜도 말고
눕지 않고 이대로 다니다가 갔으면

돌려받을 나이도, 청춘도
그냥 준대도 내겐 필요 없다

오래오래 누울 일은
산에서의 일로
미루어 두는 거다

까마귀 유머

청춘에 남편 보국대 보내고
금지옥엽으로 키운 유복자
6・25에 전사통지 받고
밤이나 낮이나
며느리 지키는 시어머니가 있다

장독대에 물 떠놓고
억울하게 떠난 님들 원혼
구천하늘 떠돌지 말라고 비는 끝에
명천 하느님 외로워서 못 살겠어요
젊고 싱싱한 거시기
많이도 말고 하나만…,

"왜 한 개냐 두 개면 나도 한 개 하지"

장독대 감나무 선잠 자던 까마귀
깜짝 놀라 물똥 두 번
물그릇 안쪽의 파문 두 개
동그라미가 동그라미를 떠미는 통에

>

남녘바다 올라오던 태풍이
세력을 잃었다는

가을전별 · 1

땅 위 무르익은 것들이여
그대들은 내 오랜 사랑이었다

재촉하는 풀벌레 소리가
보내는 풀의 손짓이고
오라는 하늘의 손짓이어서

너에게 가는 새벽 풀숲 길이
촉촉하다

가을전별 · 2

무더위를 한순간에 쫓아버린
귀뚜라미는 촛불보다 위대하다

억수같이 내리던 배도 그치고
티비 앞 남편의 선풍기도
미풍으로 잠잠해졌다

가을전별 · 3

이불을 두꺼운 것으로 바꾸자
잠들기 전 요란하던 사랑이
은행나무로 옮겨가서
노란 이별들을 흔든다
젊은 날 꽃으로 하던 유혹이
쩍 벌린 석류를 데려와
질투를 부추긴다

가을전별 · 4

굶주린 참새 떼를 불러들인 들판
즐거운 노래에 눈치를 주는
허수아비 등 뒤로
숨은 메뚜기는
마지막까지 사랑하느라
떨어지지 않는다

마지막이 얼마나 황홀한 것이냐

좋은 시절

복지회관에서 태워주는 버스로
수영도 하고 노래도 하고
춤도 추고 요가도 한다

독거노인들은 생활비도 주고
요양보호사도 보내준다

먹을 것 없어 초근목피에
물 한 바가지로 배를 채우고
아프다 힘들다 말 한마디 못 하시며
밭을 일구시던 어머니는 불쌍하다

아야, 뛰지 마라 배 꺼질라
우지 마라 배 꺼질라
꼬부라진 허리여도
남편과 아이들 배는
우짜든 채워주시던

기둥

부딪쳐서 피 흘리고 쓰러지고
주춧돌도 날뛴다

꼴뚜기도 촛불 들고 뛰니까

비바람 막아주던 지붕이 불안하다

열매 매달기에도 바쁜 한 시절
익지도 않은 열매를 두고
너 꺼니, 내 꺼니 다투다니

붉은 기둥에 나까지 흔들린다

숲, 달성에서 놀다

복지회관에서 우리를 데리고 간
달서수목원은 잘 꾸며진 숲이다
앞 뒤 옆 하면서 신나게 장님놀이를 하며
손뼉 치고 뛰어 놀았다
봄 오는 길목이 상당히 더웠다
수목원은 쓰레기 매립장
나무도 빨리 자라고
중간중간 저수지도 분수대도
도랑으로 물 졸졸졸 흘리고
온갖 짐승들도 있고 부부 꽃마차도
나를 꽃 터널로 데려간다
송두리째 혼은 빼앗긴 듯
모두는 입을 다물지 못하고 울리는 함성
운동기구도 많았다
대곡역에서 20분 거리
현풍까지 가는데 터널이 여섯 개
사문진 나루에서 유람선도 타고
전기 오리차를 타면 어느새 비슬산 정상
휴게소 3층에 가면 참 시원하고 시원하다
동산공원 사문진 나루터에는

우리 참꽃봉사단에서 운영하는 식당이 있어
맛은 물론 밥값도 반값
피곤한 마음을 데리고 든 숲을 지나자
달성군 인근의 곳곳의 하루
장님처럼 갇혀 살던 나
가뿐해졌다

아들 둘은 대구에서 중고등학교를 다니고 돈도 없고 농사일 할 사람도 없어 셋째는 중학교를 못 하게 아버지는 책을 3번 불태웠다

단식 투쟁도 하고 중학교를 졸업했다, 동아고등학교 입학시험에 합격 8촌 형이 구세주처럼 와서 입학금 주고 작은형 친구들 자취방에서 가사 도우미를 하여 졸업했다

동아대학에 입학하여 일 년 하고 군대 복무 학도병 제대 큰형이 등록금 한 번 주고 공무원 시험 합격, 대학 중퇴 7년 만에 공무원 하면서 대구 청구대학 복학, 영남대학 졸업. 공무원 교양고시 경상남도 전체에서 일등. 서기관이 되었어도 날개를 달지 못했다

시아버님은 꿈에 복을 주셨다. 천 평이나 되는 밭에 살아계신 어머님과 나 셋이서 무엇을 심어 놓고 이것 모두 네가 가져라 하셨다. 또 사신다는 집에 가니 칠첩 밥상에 갖은 편과 엿 유과를 가득 담은 큰 상을 장정 두 사람이 들고 왔다. 아버님은 조각 한 개만 들고 나머지 모두 너의 것이다, 하셨다

>

공부하겠다고 펼쳐 든 책을 불태울 적 아버지 안쓰럽던 마음이 저승세계에서 꿈의 다리를 건너오신 걸까. 꿈에 다녀간 그날 이후 폭포수처럼 복이 쏟아졌다

돈 갈증

행방이 오리무중이던 조희팔이
중국 도피 중에 죽어 장례를 치렀다는 뉴스
아깝고 억울하고 오장육부가 뒤집혀
말 못 하고 속으로 드는 골병

아흔아홉 섬을 가진 사람이 백 섬 만들려고
남의 한 섬을 더 뺏으려던 사람
돈 더 불려 주겠다는 말에 사기꾼 돈 준 사람
세상에 그만한 갈증이 또 있을까

나물죽 끓여놓고 밥상 위에 그려둔 굴비 그림
물죽에 새우젓 찍어먹는 사람

죽은 자의 입에 노잣돈 물려준 것도
가는 길에 쓸 줄 몰라 안 쓰고
그나마 천국 가면 다행이지만
지옥에 가면 어디에 쓸꼬!

돈, 가진 것이 많아도 갈증 나게 하는

봄눈

대문에 입춘대길 붙어있고
대동강물이 풀린다는 우수 경칩 지나
매화꽃이 배시시 웃고 있는데
천지가 하얗다

시끄러운 세상 더러운 곳 모두
깨끗이 소지하는 매화

나 시집살이 억울하고 힘들 때
꿈속에 오셔서 안아주던
엄마의 가슴같이 봄눈은 포근하다

시어머니 교훈처럼 따뜻하다

눈 온 뒤에 산이
계곡에서 빨래한다는 옛말이
잊고 싶은 기억을 골라
말갛게 지우고 있다

죽어도 할 수 없는 일

"미스 안 시간 있어요?" 나는 김에게 데이트 신청을 받았다 우리는 영화 <불꽃처럼 나비처럼>을 보러 갔다

영화 속 여주인공이 왕비로 채택되어 궁에 들어가기 전에 아버지와 가끔 갔던 바다에 갔다

강을 건너가는데 사공이 왕비에게 뻥 반한다. 바다에서 집으로 돌아가려는데 왕비를 죽이려 하는 자객들이 나타나자 사공이 왕비를 구해주게 된다. 그 후 사공은 많은 어려운 고난을 뚫고 궁의 무사가 된다. 왕비가 깊은 산에서 오한을 일으켰을 때, 왕비를 지키기 위해서 사공무사가 왕비의 몸을 따뜻하게 해주었다. 궁에서 왕하고 사랑을 나눌 때 타오르는 열정을 참지 못한 사공무사가 잠시 자리를 비운 틈을 타서 자객이 왕비를 죽이려고 할 때도 사공무사가 왕비를 구했다. 하지만 결국은 왕비를 구하지 못하고 사공무사는 일본 군인의 총에 맞는다. 그렇게 둘은 사랑했지만 신분 차이로 인해 불타는 사랑 한 번 못 하고 죽었다

김이 왕이고 내가 왕비라면 우린 신분 차이도 없으니, 불꽃 사랑을 할 거야. 죽어도 할 수 없는 일

우리 집 선풍기

우리 집 선풍기는 나만 미워하고 남편만 좋아한다

남편 서실에는 모니터 하나로
유선TV와 메가TV도 볼 수 있고 PC방에도 들어간다
남편은 외출에서 돌아오면 서실로 간다
선풍기는 남편을 맞이하고 재롱을 피운다

우리 집 침실은 반쪽은 냉돌 반쪽은 온실이다
나는 디스크 질환이 있어 여름에도 온실을 좋아한다
선풍기가 없는 방에서 컴퓨터와 놀고 거실 TV를 본다
그날 저녁에도 TV와 눈 맞춤을 하고
TV를 죽이니 귀뚜라미가 소리 높이 울었다

남편은 서실에서 선풍기와 놀다가 냉동실에 자다가
"아이고 추워라 두꺼운 이불 도고"
"금세 귀뚜라미가 울어쌓다마는 그 단세 겨울이 왔나
보네"

우리 집 선풍기는 남편 애인, 나를 미워한다

기침소리

감기 기침 콜록콜록
우리 시아버님 기침소리 어흠어흠

기침소리 나면 가슴이 덜컹
시아버님 기침은 손님 왔다는 신호다

춘하추동 손님 오시면
엿 유과에 명태 무쳐서 사랑방에 술 올리고

뒤뜰에 놀고 있는 닭 잡아
동쪽 작은방 부엌에 국 끓이고
큰방 부엌에는 밥하고

소금단지에 종이로 첩첩이 싸서 묻어 놓았던
갈치 굽고

밭에 가서 시금치 배추 쑥갓 캐다가
배추 겉절이 하고
시금치나물하고 쑥갓으로 수란하고

>
오첩 이상 밥상을 한 시간 안에
사랑방에 내보낸다

며칠씩 계시는 손님은 재실에
고지기가 대접한다

손님은 자주도 오신다
첩첩 산이 토하는 기침처럼

달라진 장례 문화

우리 시조모님은 30대에 혼자되시었다. 어린 아들을 창녕에서 대구 정대까지 데리고 가서 조심제 선생님에게 공부하도록 하셨다. 조심제 선생은 시조모님 사촌오빠시다

시조모님은 1969년 3월 3일 90세로 별세하셨다. 15일장을 하는데 매일 몇 번씩 치전 올리고 손님도 많고 걸인도 많았다 소상 대상 때도 많았다

그 많은 사람들에도 음식이 남아 걸인들이 가져갔다 한다. 조심제 선생 장례식에 음식이 부족하여 참고로 많이 한 것 같다

조심제 선생은 일본의 눈을 피해 정대 골짜기에서 많은 제자를 키웠다. 문 시장 조부 문장지는 그 경비를 부담하시고 현풍 동부마을에 집을 지어 주셨다. 거기서 조 선생은 별세하셨다. 현풍 동부에서 창녕 고암면 원촌리까지 문상객이 꽉 찼다 한다

우리 시아버님은 1982년 10월 26일 72세로 별세하셨다. 많은 학자들이 모여서 "눌암처사"로 개명을 하여 9일장으로 하였다. 들어온 만장과 제문이 많았고 묘갈명으로 비석을 세우고 문집도 편찬하였다. 우리 아버지는 편찮으신 후에 여름에 오셔서 치전 올리셨다

>

문집에 올려놓은 친정아버지 제문을 보니, 더욱 아버지 생각이 났다. 조심제 씨 문집은 37권 우리 종증조부 安士初(안사초) 慶鎭(경진) 씨 글씨 두 편과 우리 할아버지 安胤弼(안윤필) 秉鉉(병현) 씨 글씨 두 편이 있다. 우리 시아버님 張訥庵(장눌암) 斗翰(두한) 씨 글씨도 있다

시어머님은 88세에 별세 그때는 일할 사람은 많고 손님은 적고 걸인도 없었다. 장례 후에는 영정을 바로 절에 모셨다. 우리 큰시숙은 5년 전에 가셨는데 상조회에서 모두 맡아서 했다. 장례지에도 제사음식과 손님 대접 모두 상조회에서 했다

사람 살린 자물쇠

우리 집에서 예절을 만들었다 한다
전쟁 후에 예절은 사라지고 금수 같은 삶을 살아서
빨리 전수하기 위해 책판을 만들어
찍어낸 책판이 우리나라 문화재로 등록되었다

마을 전체가 우리 집이었다 한다
정침이 12간 두 줄 사랑채가 8간 두 줄 하인집, 머슴집
하인이 50명 돈 벌어오는 하인도 있고
그때 밥솥 안에서 우리 친구 다섯 명이 소꿉놀이 하고
돈궤가 벼 일곱 가마 들어갔다

김해사람이 살인자로 누명을 입고 피신 다니는 사람
우리 돈궤에서 삼 년을 살고 누명이 풀리어 귀가하여
계속 하인이 왔다 가곤 했다 한다

우리 증조부 안상진 씨는 어릴 때
생가 부모와 양가 부모 모두 돌아가시고
6세 때 하인들이 업고 산길 80리 밀양산 내면으로 이사
결혼하여 사시다가 상처하고 15세 때
머슴이 살았다는 초가삼간에 이사 오시어 재혼했다

남매를 두시고 21세 때 돌아가셨다

할아버지 안병현 3세에 증조모가 훌륭하셨다 한다
할아버지는 말을 타고 다니시면서 잃어버린 땅과 산소를 찾았다
설단을 세웠고 함안 종중에 부자를 만들었다

사람 하나 살린 돈궤 열쇠의 은공 탓인지
함안 종중에서 안병현 할아버지
공로 비석도 세우셨다

| 해설 |

동아시아적 현모양처론賢母良妻論의 시적 수용

– 안지원 시집 『은행나무 이야기』를 읽고

이동순

이동순

시인, 문학평론가/ ≪동아일보≫ 신춘문예 시(1973), 문학평론(1989) 당선 / 시집 『개밥풀』, 『물의 노래』, 『강제이주열차』 등 18권 발간/ 민족서사시 『홍범도』(전 5부작 10권) 발간/ 평론집 『잃어버린 문학사의 복원과 현장』 등 각종 저서 60권 발간/ 매몰시인 백석의 시 작품을 수집 정리하여 『백석시전집』(창비, 1987)을 발간하고 시인을 문학사에 복원시켰다/ 영남대학교 명예교수, 계명문화대학교 특임교수

해설

동아시아적 현모양처론賢母良妻論의 시적 수용

– 안지원 시집 『은행나무 이야기』를 읽고

이 동 순 | 시인

1.

지난 시절 한국의 여학생들은 학교에서 배부하는 자신의 신상기록카드를 작성 제출하던 관행이 있었다. 그 신청서의 다양한 빈칸에는 특이하게도 장래희망을 적는 곳이 있었는데, 이런 작성에 익숙하지 않은 대다수의 여학생들이 상투적으로 채워 넣던 글귀는 오로지 현모양처賢母良妻였다.

이 현모양처론은 인자하고 어진 어머니와 착하고 좋은 아내의 표상을 함께 아우르는 개념으로 메이지 초기 일본의 교육자였던 나카무라 마사나오中村正直, 1231~1891가 1875년에 고안해낸 일본 근대개혁론 중의 하나였다. 이것이 점차 중국, 타이완, 식민지조선을 비롯한 동아시아 여러 나라들에 전파, 혹은 이식되면서 전체 여성들의 보편적 삶에 요구되는 당위적 개념으로 정착되었다. 식민지조선에서는 개항기 무렵 일본으로부터 도입된 근대적 여성교육이념으로 모든 교육현장에서 여성에게 필수적으로 요구되는 필수적

원칙론이 되었다. 해방 이후에도 이 관념은 여전히 위세를 떨치면서 전통적으로 재구성된 여성상으로 확고한 자리를 잡았으며, 근대주부론, 성역할분담론 등으로 정착되었다.

이른바 현모양처론에서는 임신과 출산이 전체여성에게 요구되는 기본적 의무였다. 현모양처론이 자리를 잡게 되면서 과거 봉건시대로부터 이어져 온 종래의 열녀효부론烈女孝婦論은 급격히 낡고 진부한 것으로 간주되고 그 효력을 완전히 상실하였다. 이에 따라 현모양처 개념은 모든 성장기 여성이 궁극적으로 가서 닿아야 할 곳, 필수적으로 확보하지 않으면 안 될 어떤 신분과도 동일한 개념으로 굳어졌다. 이러한 현모양처에 도달하지 못하거나 조금이라도 흠결이 지적되고 확인될 경우 그것은 곧바로 현모양처의 대립개념인 악처惡妻로 간주되었다.

그러니 누구인들 현모양처라는 완전체로부터 이탈되기를 바라는 여성이 있었을 것인가? 현모양처에서의 이탈은 여성의 기본적 의무에서의 이탈이며, 그 자체가 부도덕으로 간주되어 사회적 대중적 지탄의 대상이 되었던 것이다.

2.

안지원 여사의 시집 『은행나무 이야기』에 실린 다수의 시 작품과 거기에 반영된 세계는 동아시아적 현모양처론과 그 보편성에 그 뿌리를 두고 있다. 한 사람의 여성으로서 이 땅에서 태어나 성장하여 남편을 만나서 가정을 꾸리고, 자녀를 출산 양육하며 성공적 가정을 꾸려가는 과정에서 충실한 아내로서의 역할을 자각하고 실천하는 삶의 표상이 충실하게 반영되고 있다. 우선 작품의 표면적 인상과 그 포착만으로 두고 보더라도 「속았제」, 「은행나무 이야기」, 「만학」, 「짝사랑」, 「잔별의 사연들」, 「소나무 꿈」 연작을 비롯한 1부의 여러 작품들이 그러하다.

2부에서도 「셋째 딸 이력서」, 「하늘과 땅 사이에」, 「변신」, 「곡비」, 「봄 신령」 등에서도 확인된다. 3부에서도 「추석 성묘」, 「잔별노래」, 「초록색 가운」, 「음지」, 「한가위 생각」, 「고양이 띠」, 「먼 길」 등이 그러하다. 4부에서도 「황소바람」, 「까마귀 유머」, 「좋은 시절」, 「몽혼」, 「봄눈」, 「기침소리」, 「달라진 장례문화」 등에서 현모양처론 인식은 아주 손쉽게 확인되고 있다.

보통 한 권의 시집을 받아서 읽게 될 때 거기에 반영되어 있는 주도적 시정신이나 관심사의 방향이 어느 쪽을 지향하고 있는가의 문제는 그 시집에 대한 이해와 통찰을 가능하게 해주는 하나의 지표로 작용한다고 할 것이다. 안지원 시집의 뚜렷하고 분명한 지표는 바로 현모양처론적 세계인식과 그 실천이다. 거기에 필수적으로 수반되는 인식은 인고忍苦, 즉 고통의 감내이다. 한 여성으로서 친정가문에서 성장하여 일정한 배필을 만나 혼인하여 가정을 이루고, 자녀를 출산함으로써 자연스럽게 부모의 위상으로 승격된다. 종래 한국인의 결혼생활에서는 시부모와 함께 살아가는 가정이 많았다. 이에 따라 시부모와의 갈등과 불화를 견디며 살아가는 고통의 시간은 죽기보다 더 힘든 노릇이었다.

한국인의 가정에서 고부姑婦의 관계는 근원적 앙숙의 관계로 부각되었고, 이는 궁극적으로 운명적 원수의 관계로 인식되기도 했다. 그야말로 원수와도 같던 시어머니가 세상을 떠난 뒤로 오랜 영어囹圄에서 풀려나 자유의 몸이 되었건만 이미 몸과 마음은 지치고 늙어버려서 전혀 즐거운 삶을 맞이할 수가 없었던 것이다. 적어도 이 문제에 관한 한 이 자리에서 결코 가볍게 정리할 수 있는 성격의 항목이 아니다.

안지원의 시집『은행나무 이야기』에 등장하고 있는 시집살이와 가정생활에 관한 언술은 대개 인고忍苦의 세월을 겪어 와서 성공적 삶에 도달한 자족적自足的 서사가 담겨 있다. 시「속앐제」에서는 한겨울 꽝꽝 언 시냇물의 얼음을 깨고 시어머니의 속옷을 빨래하는 며느리의 고통이 담겨 있다. 시「은행나무 이야기」에는 한 가문을 이끌어온 주체적 힘이 바로 증조할머니로 표상되는 여성의 지혜와 능력 덕분이라는 강렬한 인식이 나타난다.

> 증조할머니가 심었다는 우리 집 은행나무는 올해도 주렁주렁 실한 은행 열렸다.
>
> 속담은 그랬다. 은행나무 심은 사람이 죽어야 은행이 잘 열린다는… 백 살을 넘긴 우리 집 은행나무는 자손들 결혼식 때마다 귀한 열매 내어주고도 거뜬한 자세를 허물지 않았다
>
> —시「은행나무 이야기」부분

시 「짝사랑」에는 가정과 가족을 위해 모든 것을 다 헌납하는 어머니의 표상을 무릎 없는 달팽이 이미지로 그려내고 있다. 시 「잔별의 사연들」에서는 딸자식을 시집보내기 위해 불철주야 애쓰고 있는 친정어머니의 노고를 감동적으로 그리고 있다. 시 「사랑이 오는 길」에서는 인고의 당위성을 담담하게 그리고 있다. '사랑의 길은 힘들어도 헤쳐 나가야 할 엉킨 길'이라는 대목에서 그러한 강렬성을 확인하게 된다. 시 「소나무 꿈에서는 마치 소나무 등걸처럼 휘어지고 굽은 자신의 육신을 돌이켜보면서 이러한 '굽음'이 얼마나 장엄한 인고의 소산인가를 느끼며 당당함을 회복하려는 모습을 나타낸다. 시 「추억의 자리」는 할미꽃 뿌리로 식혜를 끓여내는 할머니의 모습을 떠올리며 한국여성의 고난사苦難史를 찬찬히 그려내고 있다.

> 아무렇지도 않게 밟고 가는 길에서 만난 냉이와 잔디는 할아버지의 할아버지이거나 손자의 손자일 수도 있다 세상 구경하려고 내민 고갯짓만 보아도 저마다 다른 몸짓이다 자세히 보면 알 수 있다 저마다 다른 근심 저마다 다른 희열 마른논 안고 도는 송아지도 엄마 소의 젖을 물고 한눈팔 듯 살피는 풀의 맛 보리이삭의 맛
>
> —시 「추억의 자리」 부분

시 「셋째 딸 이력서」는 시적 화자의 혼인과 관련된 추억을 흥미롭게 펼쳐가고 있다. 시 「틈」에서는 자녀들을 충실

하게 보살피며 자신은 어머니로서 인고하는 삶의 자세가 감동적으로 담겨져 있다. 시 「곡비哭婢」는 새벽에 우는 닭을 대유적代喩的 이미지로 그려내고 있지만 사실은 인고의 삶을 살아온 한국 여성의 표상에 다름 아니다. 시 「국화」는 모처럼 방문한 고향에서 머리가 파뿌리처럼 하얗게 변해버린 옛 친구와 상봉하는 이야기다. 반가움에 지팡이마저 팽개치며 서로 껴안는 두 친구의 모습을 감동적으로 그리고 있다.

서리 내린 울타리 따라서 걷는
지팡이 짚은 백발의 여자
뒤태가 하도 예뻐서
쫓아가 어깨를 툭 쳐봤더니

일제 강점기 때에는
서리 맞은 국화도 어여쁜 꽃이더라는
노래가 흘러 나왔다

살아있다는 자체가 전부 괴로움이니까

아, 글쎄 밀양 초동면
늙어도 얼굴만큼은 참 고운
춘자더라

지팡이 내던지고
나를 부둥켜안더라

—시 「국화」 전문

시 「추석 성묘」는 현모양처로서의 자신을 완벽하게 구현해내는 구도를 성묘 과정을 통해 담아낸다. 시 「잔별노래」는 전래민요 시집살이 노래를 패러디하면서 그 고난의 한국여성사가 자신과 분리되지 않았음을 암시적으로 서술한다. 시 「음지」는 현재 고통을 겪는 자신의 휘어버린 척추가 무엇 때문일까에 대하여 원천적 질문을 던지는 형식이다. 시 「한가위 생각」을 통해 시적 화자는 자신이 얼마나 민족의 전통적 시간을 존중하고 거기에 모든 것을 의탁하고 있는가를 밝히고 있다. 시 「황소바람」은 마치 백석白石, 1912~1996의 아름다운 시 작품 「고야古夜」를 읽는 듯한 그림이 그려진다. 호롱불이 희미하게 비치는 방안에서 조무래기 아이들이 외우는 구구단 소리와 그 옆에서 순정연애소설을 읽느라 밤이 깊어가는 줄도 모르는 조금 더 자란 아이들의 모습, 그리고 열린 문틈으로 마구 드나드는 황소바람이 그 광경을 기웃거리는 그림은 감동적이며 정겹다. 최고의 잘 그려진 한국화韓國畵를 떠올리게 한다.

우리 오매 바느질하고 우리 시야 뜨개질하고 우리 쫄맹이들 구구단을 외우면 감히 황소바람 방에 들어오지 못하고 밖에서 큰소리친다 귀 열고 대나무 노래 따라 부른다

우리오매 우리 시야 우리 쫄맹이들 어깨 맞대고 순정소설 연애소설 읽으면 잠자다 민망해진 황소바람 방에 들어왔다가 낯 붉히고 나간다 우리 꿈 깰까 봐

석유 등잔불 아래서 우리 시야 머리 맞대고 꼬박꼬박 졸적에 황소바람 들어와서 눈꺼풀 들어 올린다 머리카락 쓸어올린다 삼단 같은 머리카락 호롱불에 태울까 봐

—시 「황소바람」 전문

시 「내 안에 살고 있는 말」은 이미 노년기에 다다른 자신의 몸속에서 여전히 들려오는 돌아가신 할머니의 말씀을 되새긴다. 그 할머니의 말씀은 아주 소멸된 것이 아니라 자신의 삶 속에서 생생히 살아있는 현재성으로 다가온다. 시 「봄눈」은 친정어머니와 시어머니의 추억 속에서 현재의 삶이 얼마나 안정되고 평화로운 것인가에 대한 자기 확신이다. 이러한 인식은 시 「기침소리」에서도 동일하다. 그 기침소리는 바로 시아버지의 기침소리인 바 시적 화자는 시아버지가 세상을 떠난 지 오래지만 지금도 여전히 그 기침소리를 들으며 자신을 가다듬는 것이다. 시 「사람 살린 자물쇠」는 자신의 현재적 삶을 일으켜 세운 원동력이라 할 수 있는 친정 가문과 그 가족사에 대한 구체적 내력을 자랑스럽게 정리하고 있다.

3.

안지원 시집 『은행나무 이야기』에서 시인이 담아내고자 한 것은 현모양처론에 충실하며 살아온 자신의 지난 시간과 추억이다. 그것을 통하여 한국에서의 여성적 삶이 지니는 방향성과 가치의 표상을 은연중에 표방하고 있다. 오늘

날 한국사회가 여성, 혹은 여성성의 문제에서 많은 변화를 거쳐 왔음에도 불구하고 안지원의 여성 인식은 다분히 전통적 가치관에 충실한 모습을 보이고 있다. 획기적 변화에 대하여 오히려 소극적이며 그것을 불안하게 사고하는 자세를 지니고 있는데 이것은 안지원만의 태도가 아니라 21세기를 살아가는 다수 한국 여성의 현실이기도 하다.

발전과 변화가 능사는 아닐 터이지만 이런 점에서 시적 화자의 의식과 가치관은 매우 전통적 가치관에 대한 추수적追隨的이며 순종적 자세를 고수하고 있다. 거기에서 오히려 평화와 안정감을 누리고 있는 것이다. 우리는 이러한 삶의 집념에 대하여 호불호를 거론할 처지는 전혀 아니다. 다만 엄청나게 변화를 거듭해가는 오늘날 한국사회의 현실에 비추어볼 때 이러한 전통 고수가 과연 얼마나 지속될 것인가에 대한 불안감은 떨쳐낼 수가 없다.

많은 것이 무너지고 소멸되고 사라지는 과정 중에 있지만 그 가운데서 결코 무너져선 안 될 것이 있으리라 믿는다. 이와 더불어 기어코 붕괴되어야 할 전근대적 낡은 관습도 있을 것이다. 과연 어떤 것을 우리가 선택하고 어떤 것을 기탄없이 버려야 할 것인가에 대한 선택을 주체적으로 가름해야 할 시점에 우리가 다다라 있다는 점은 분명하다.